CHICAGO. — LINCOLN PARK.

LA NAISSANCE D'UNE VILLE AMÉRICAINE

I.

BARON E. DE MANDAT-GRANCEY.

« Il y a plus de deux cent trente ans, dit M. de Mandat-Grancey, deux jésuites, appartenant aux missions du Canada, les PP. Joliet et Marquette (1), entreprirent un voyage d'exploration dans la région des Grands Lacs, alors tout à fait inconnue des blancs et fréquentée seulement par des tribus demi-nomades. Les pieux voyageurs contournaient la côte de l'immense mer intérieure qui avait déjà reçu le nom de Michi-

(1) Ce fut le P. Marquette qui découvrit le Mississipi et ouvrit ce domaine à l'ambition coloniale de la France (1673). Ces missions du Canada au dix-septième siècle furent fécondes en actes d'héroïsme. Tous les historiens, sans distinction de croyances, protestants aussi bien que catholiques (Voir BANCROFT, *Histoire des Etats-Unis*, chap. XX, et Francis PARKMAN, *Histoire de Pontiac*, ainsi que GARNEAU, *Histoire du Canada*, et les lettres du P. CHARLEVOIX), attestent le courage de ces pionniers de l'Amérique du Nord. (C. S.)

gan (1). Ils avaient dépassé de quelques milles son extrémité sud et constataient que la côte remontait presque directement vers le nord, lorsqu'ils arrivèrent sur le bord d'une lagune large et profonde qui venait se jeter normalement dans le lac. Cette lagune avait moins d'un mille de long; à son autre extrémité elle recevait les eaux de deux rivières profondes, mais également fort courtes, l'une venant du nord, l'autre du sud, qui drainaient les plaines marécageuses des environs. Il faut noter qu'à cet endroit la ligne de partage des eaux du bassin du Mississipi vient presque tangenter le lac. Ce n'est, du reste, qu'une simple ondulation. à peine sensible, de la prairie. Ce pays bas et humide ne devait pas avoir l'air bien engageant; il attira cependant l'attention des missionnaires. Les bêtes à fourrure pullulaient aux environs, ce qui faisait de l'embouchure de cette rivière une station très fréquentée par les Indiens illincis; les différentes petites tribus s'y retrouvaient chaque hiver, après s'être dispersées pendant l'été dans la prairie à la recherche du *buffalo*. A la suite de la visite du P. Joliet, il s'établit quelques relations entre le Canada et les Illinois. Des voyageurs profitaient, chaque printemps, des premiers beaux jours pour venir de Québec, à travers les lacs, apporter aux Indiens quelques marchandises qu'on échangeait contre les fourrures recueillies pendant l'hiver; mais ils ne faisaient point d'établissement permanent. En 1804, seulement, le gouvernement des États-Unis, voulant probablement conserver ses droits sur le pays, y construisit, au milieu des marais, une station qui prit le nom de Fort-Dearborn. En 1812, les Illinois le brûlèrent et scalpèrent la garnison; mais il fut reconstruit en 1816, et, cette fois, l'occupation fut définitive (2). En 1830, une centaine de trafiquants et trappeurs, blancs ou métis, étaient venus se fixer, sous la protection de la garnison de Dearborn. Ils habitaient dans une douzaine de maisons en bois. En 1837, le village (3) s'était transformé en une petite ville de 4,000 habitants, et dès lors les progrès furent rapides. »

Telle fut la naissance de Chicago. Sa population s'accrut successivement d'une manière si prodigieuse que, s'il ne s'agissait pas des États-Unis de l'Amérique du Nord, on regarderait comme invraisemblables les chiffres donnés à cet égard par la statistique; on comptait 4,479 Chicagois en 1840; 8,000 en 1844; ils étaient 29,000 en 1850; 109,000 en 1855; 150,000 en 1863; 265,000 en 1866; 300,000 en 1870; 503,000 en 1880; 1,099,850 en 1890; 1,420,000 en 1892. Cette population, composée de tous les éléments, Yankees de la Nouvelle-Angleterre et de New-York, Européens (émigrés allemands, fenians irlandais, proscrits tchèques et polonais, révolutionnaires et aventuriers de tous les pays), fit preuve, à côté des défauts inhérents au tempérament, à l'éducation, au caractère, d'une énergie extraordinaire et indémentie. Il y eut dans ce groupement fortuit de tant d'entraînements divers, dans cette agglomération où la lutte pour la vie prima toute loi, des hommes qui surent faire servir cette crue sans

(1) Le nom de Michigan vient, croit-on, d'un mot qui signifie « piège à poisson », et fut sans doute donné au lac à cause de sa forme assez semblable à une nasse. *Miche, michery, micher* sont d'ailleurs des archaïsmes anglais qui se rencontrent encore dans les patois des comtés de Norfolk et de Westmoreland, où ils ont le sens de « dresser des embûches, embuscade, qui se tient aux *aguets* », que leur donne Shakespeare (*Henri IV*, 1re part., acte II, scène IV). (C. S.)

(2) Les magasins du fort se voyaient encore en 1856 au beau milieu de la ville.
(3) Ce village se trouvait à l'embouchure de la rivière Chicago; de là son nom.

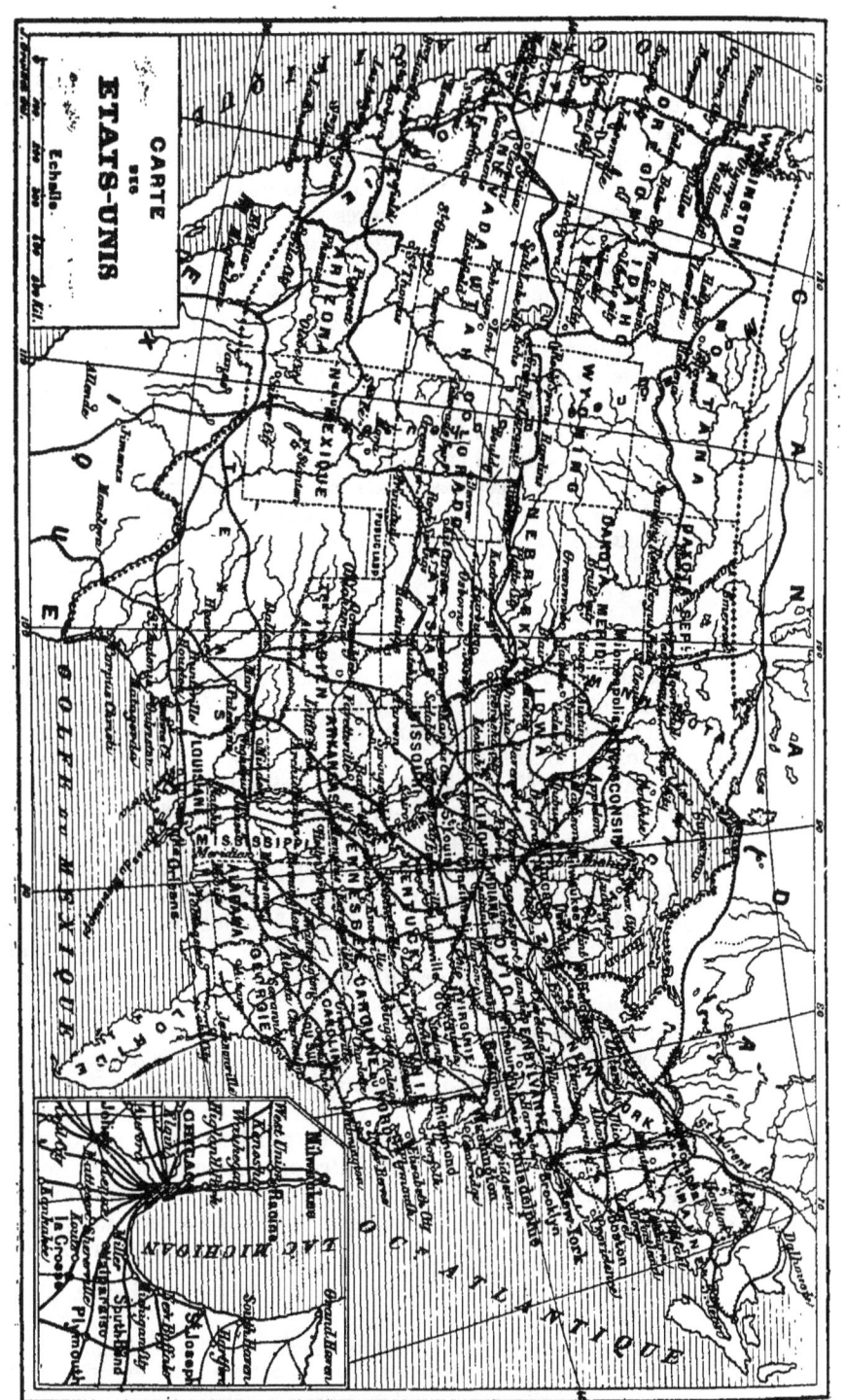

cesse plus forte à une intensité de travail dont la volonté américaine offre seule l'exemple. On commença par défricher les forêts, et presque en même temps on construisit de vastes scieries mécaniques pour débiter les bois des différentes essences. La forêt dérodée, écobuée, on mit le sol en culture; les plaines de l'Illinois donnèrent en céréales des rendements fabuleux; la grande culture développa l'élève du bétail, et les immenses troupeaux de bœufs et de porcs furent utilisés non seulement pour l'alimentation de toute la région, mais pour l'exportation sous forme de salaisons. Des affaires colossales, des fortunes non moins gigantesques firent de Chicago un centre d'activité et de spéculation qui n'avait d'égal dans le nouveau monde que New-York. La *Reine de l'Ouest* ou la *Reine des Lacs*, comme on l'appelle aujourd'hui, est, malgré sa jeunesse, malgré l'incendie de 1871 qui la détruisit, la seconde ville d'Amérique, la septième de l'univers. Elle a 250 hôtels, 531 journaux, 221 écoles, de belles avenues qui s'échelonnent le long du Michigan et sont bordées de villas et de jardins, elle est entourée d'une ceinture de boulevards et de parcs qui couvrent 800 hectares, mais ce qui fait surtout sa grandeur, c'est sa richesse industrielle et commerciale, dont les Armour, les Pullman, les Marshall Field, prouvent la puissance.

II

Chicago surpassait, en 1871, avant l'incendie, New-York en mouvement. Des deux rivales de l'Ouest américain, elle était la plus ardente à marcher de l'avant. « En comparaison de Chicago, écrivait à cette époque un témoin oculaire, New-York est une ville immobile, stagnante. » Quand le baron de Mandat-Grancey la visita en 1884, elle avait déjà, en ces douze ou treize années, repris tout son aspect florissant, et depuis lors sa prospérité n'a fait que grandir. La raison principale de cet essor merveilleux, c'est que Chicago est le principal point d'arrêt entre New-York et San-Francisco, et ainsi s'explique cette population énorme affluant dans les rues bordées de maisons hautes de quinze à dix-huit étages, cette tension sans relâche des esprits toujours à l'affût des inventions nouvelles, cette fièvre qui, dans ce milieu en ébullition constante, est devenue telle, que la physionomie de cette cité, peut-être unique, dédaignant d'être capitale, mais fière de se dire reine, tient à la fois du rêve et du cauchemar. Cette physionomie, M. de Mandat-Grancey l'a saisie avec un remarquable talent d'observation. Les pages qu'on lira plus loin, et qui sont empruntées à un des volumes de ce charmant écrivain, causeur exquis et narrateur captivant, ne perdent rien comme actualité, quoiqu'elles datent d'un peu loin. Elles ont même l'avantage de nous présenter le tableau de Chicago à une époque où la foire universelle (World Fair) (1) n'y battait pas son plein, époque semblable à celle du présent, et remettant sous les yeux la vraie *Reine des Lacs* avec ses embellissements acquis et ceux qu'elle projette.

Charles SIMOND.

(1) La *World Fair*, l'Exposition universelle de 1893 à Chicago, n'obtint pas le résultat que l'on en attendait. Voir le rapport fait sur cette exposition à la Chambre de commerce de Paris par M. Ernest Lourdelet (1893). Voir aussi G. SAUVIN, *Autour de Chicago, Notes sur les États-Unis* (1893).

CHICAGO. — STATE STREET.

CHICAGO [1]

I

DE NEW-YORK A CHICAGO.

De New-York à Chicago, il y a 1,027 milles, soit 1,640 kilomètres. Nous voyageons dans ce qu'on appelle un train *limited*, qui ne peut recevoir que soixante voyageurs environ et qui se compose de deux wagons-lits, un restaurant, un fumoir et un fourgon : les bagages sont transportés gratuitement, quel qu'en soit le nombre; le trajet se fait en vingt-six heures, la Compagnie s'engageant à vous rembourser 5 dollars, s'il y a deux heures de retard; et la place ne coûte que 125 francs. En France, une simple place de première classe coûterait, pour le même trajet, environ 170 francs, sans compter les suppléments de bagages. Chez l'oncle Sam, il faut que deux villes soient bien éloignées pour que la course de l'hôtel à la gare ne coûte pas plus cher que le ticket que vous vend la Compagnie de chemin de fer pour vous transporter de l'une à l'autre.

[1] L'ouvrage auquel nous empruntons ces extraits avec l'autorisation de l'auteur, a pour titre : *En visite chez l'oncle Sam, New-York et Chicago,* par le baron E. DE MANDAT-GRANCEY. (Paris, librairie Plon.)

Le *conductor* du wagon Pullman, un superbe mulâtre à la casquette galonnée, nous a conduits à la section indiquée par le numéro d'ordre de nos tickets. Nous en prenons possession, et puis nous circulons d'un bout à l'autre du train pour en examiner l'installation.

Nos compagnons de voyage arrivent les uns après les autres. Deux jeunes filles de dix-sept ou dix-huit ans, fort jolies, probablement des *School girls* qui vont rejoindre leurs parents à Chicago, montent à leur tour sur la plate-forme. Elles n'ont, bien entendu, pas l'ombre d'un chaperon, mais ne paraissent pas souffrir d'un excès de timidité. Assis un peu plus loin, nous observons leurs petites manœuvres.

« *Annie dear!* susurre la première, à travers son petit nez rose
— *Minnie dear!* répond la seconde de la même manière.
— Quel est le numéro de notre section?
— Numéro 3. Nous y voilà, *Minnie dear*. »

Le *conductor* qui les suit, pliant sous le faix d'un amoncellement de bibelots de tous genres, dépose ceux-ci avec une satisfaction évidente; les deux petits nez roses émettent de nouveau quelques sons, lui font changer l'arrimage de leurs paquets, ce qu'il exécute avec une patience exemplaire, et puis, quand il va s'en aller :

« *Annie dear*, reprend la première, si nous nous installions de l'autre côté, dans la section n° 4; la vue est plus belle à gauche qu'à droite.
— C'est qu'elle est prise. Voyez ces couvertures, répond *dear Annie* en montrant les nôtres.
— Oh! cela ne fait rien, ce sont des hommes. *Conductor!* portez toutes nos affaires de l'autre côté. »

Sans hésiter une minute, le *conductor* jette au milieu du couloir nos *impedimenta*, et se met en devoir d'obéir. Heureusement Annie fait remarquer qu'à gauche, on a bien la vue, mais qu'on a aussi le soleil : à la suite de cette judicieuse réflexion, on fait faire un nouveau voyage, celui-ci définitif, à nos bibelots comme aux leurs, et nos deux charmantes petites personnes s'installent à leurs places.

Le train s'est ébranlé, et nous traversons à toute vapeur les rues de la bonne ville de New-Jersey. Pendant que le mécanicien siffle à plein diaphragme, le chauffeur fait sa partie, en sonnant à toute volée une énorme cloche établie sur le coffre à vapeur de la locomotive. La précaution n'est pas inutile, car la voie n'est protégée par aucune espèce de barrière : les piétons se garent comme ils peuvent; les chevaux des tramways que nous croisons viennent se cabrer, le nez sur les marchepieds des wagons : on écrase souvent du monde, mais on ne paraît pas s'inquiéter outre mesure de cette éventualité. D'abord les machines sont ornées, à leur avant, d'un appareil en forme de pyramide renversée, nommé « ramasse-vache », *cow-catcher*, qui rejette sur la banquette tout ce qui peut encombrer la voie; ensuite les passages à niveau sont munis d'un écriteau portant en petites lettres, assez peu visibles :

QUAND VOUS ENTENDREZ SONNER LA CLOCHE,
MÉFIEZ-VOUS DU TRAIN!

Il faut donc convenir qu'avec un pareil luxe de précautions, ceux qui se font couper en deux sont dans leur tort.

Bientôt, laissant derrière nous les faubourgs, nous entrons en rase campagne, non pas une campagne hérissée de guinguettes et de petits vide-bouteilles, comme on en voit en Europe, auprès des grandes villes : nous traversons, au contraire, une plaine nue, des friches couvertes d'une herbe assez maigre, coupées de canaux vaseux que la mer basse laisse vides : on se croirait dans un pays désert, si l'on ne voyait pas, de tous les côtés, les trains innombrables, arrivant de tous les points du compas, qui vont s'engouffrer dans les faubourgs de la ville, dont on distingue encore, derrière nous, les hautes cheminées d'usine embrumant l'horizon. Tous les rochers qui affleurent sont couverts de réclames en gros caractères blancs ou noirs. Il y a, notamment, un monsieur, il s'appelle Shenck, autant qu'il m'en souvient, un fabricant de pilules antidyspeptiques, qui doit dépenser de bien grosses sommes de cette manière. Il paraît que des escouades de barbouilleurs, engagés à son service, ont parcouru, ces années dernières, tous les sites les plus agrestes des États-Unis, et que, au cœur des montagnes Rocheuses, comme sur les falaises de la Nouvelle-Angleterre, on peut maintenant voir affirmée, en lettres colossales, l'incontestable supériorité des produits pharmaceutiques de la maison Shenck.

De loin en loin, nous coupons des vallées d'un aspect plus riant. Quelques taillis, où dominent les chênes et les saules, couvrent généralement les bords marécageux des cours d'eau. Partout où la terre est excellente, elle est cultivée; mais nulle part nous ne voyons trace de cette lutte contre la nature, de cet âpre labeur grâce auquel nos paysans ont si souvent transformé l'aspect primitif des lieux : cependant voilà deux cents ans que ce pays-ci est peuplé. Mais les Américains sont un peu comme les enfants qui mangent d'abord les raisins de leur baba. Ils aiment mieux s'en aller à des centaines de lieues de chez eux chercher des terres vierges que de s'occuper de celles qui auraient besoin d'être un peu amendées.

Les fermes que nous voyons, de distance en distance, sont presque toujours bâties sur de petits coteaux, au centre de l'exploitation. Ce sont de petites maisons en bois, à un étage, peintes en blanc. Autrefois on racontait, dans la marine, que les charpentiers hollandais avaient toujours sur leurs chantiers quelques centaines de brasses de galiotes toutes faites; quand un armateur désirait renouveler son matériel flottant, il allait expliquer son cas à son compère le constructeur, qui, d'un trait de scie, lui coupait la longueur voulue; on obtenait ainsi une sorte de cylindre auquel on ajustait, tant bien que mal, un avant et un arrière; on lançait le résultat sur le canal le plus voisin, et la Hollande comptait une galiote de plus. Je crois, en mon âme et conscience, que les Américains ont adopté un système analogue pour la construction de leurs bâtiments ruraux, tant ils se ressemblent comme largeur et hauteur : la longueur seule diffère. Du reste, cela a un avantage : quand on s'ennuie quelque part, on coule des glissières sous sa maison et on l'emmène un peu plus loin; j'ai vu, l'autre jour, faire cette opération dans un faubourg de New-York.

A onze heures, nous arrivons à Philadelphie. La ligne traverse ensuite un pays légèrement accidenté, qui nous semble bien supérieur, comme développement agricole, à ce que nous avons vu jusqu'à présent. Nous apercevons de tous côtés de nombreux bâtiments de ferme : quelques-uns bâtis en pierre ou en brique. Les herbages et les prés ont aussi l'air plus soigné. Par moments, on se croirait dans une campagne française ou anglaise, tant les habitations sont rapprochées. Mais l'absence de tout jardin bien cultivé auprès des maisons et de toute route entretenue est toujours remarquable. Les clôtures sont aussi bien extraordinaires; elles se composent invariablement de douze ou quinze gros baliveaux maintenus l'un sur l'autre par quatre piquets et séparés, à chaque extrémité, par d'autres en nombre égal qui font avec les premiers un angle de vingt-cinq ou trente degrés. Au lieu d'être clos simplement par une haie ou par des lisses, le champ se trouve entouré, de la sorte, d'un véritable mur en zigzag, dont la construction coûte probablement très peu de chose comme main-d'œuvre, mais absorbe une quantité de bois formidable, et doit faire saccager toutes les forêts du voisinage. Du reste, le gaspillage de bois qui se fait dans ce pays est incroyable. Nous traversons plusieurs massifs boisés sans voir les traces d'un aménagement quelconque. Nulle part il ne reste un bel arbre debout.

Nous sommes, paraît-il, dans la partie la plus peuplée et la mieux cultivée de la Pennsylvanie et même des États-Unis. Beaucoup des villages et villes que nous traversons existaient, et même étaient déjà florissants au dix-huitième siècle. C'est dans cette région que se sont livrés les principaux combats de la guerre de l'Indépendance, entre *insurgents* et royalistes. A deux heures nous arrivons à Harrisburg, une jolie ville de trente mille habitants, autrefois la capitale de l'Etat. Indépendamment de ses richesses agricoles, ce pays-ci est un grand centre métallurgique. A chaque instant nous voyons des hauts fourneaux d'une importance considérable, autour desquels de véritables petites villes se sont formées. Nous traversons la *Susquehannah* sur un beau pont en fer qui a près d'un kilomètre de longueur; bientôt nous nous engageons dans une ravissante vallée, celle de la *Juniata,* qui va nous conduire jusqu'au pied des *Alleghanies.* Le caractère montagneux du paysage va constamment en s'accentuant. La population diminue

CHICAGO. — UNE MAISON DE 20 ÉTAGES.

beaucoup. Nous côtoyons, pendant deux ou trois heures, les bords de la *Juniata,* que surplombent des collines élevées, couvertes d'épais taillis de chêne à travers lesquels d'innombrables cours d'eau viennent, en cascades, rejoindre la rivière. Ce pays-ci est réellement ravissant, d'une grâce fraîche et sauvage dont nous jouissons délicieusement.

Malgré l'extrême vitesse du train, on n'est vraiment pas trop secoué. La voie est excellente; mais ce que nous ne nous lassons pas d'admirer, c'est le confort et même le luxe de nos wagons. A l'intérieur, toutes les boiseries sont ornées de marqueteries italiennes, en érable sur citronnier, d'un goût parfait. Des tapis épais couvrent les parquets; les tentures des canapés et les rideaux sont confectionnés avec une sorte d'étoffe de fantaisie, très moelleuse, du plus heureux effet; toutes les serrures sont nickelées et reluisent comme de l'argent. Ces wagons Pullman appartiennent tous, paraît-il, à leur inventeur, qui paye seulement un droit de circulation aux compagnies. Ils sont construits dans d'immenses ateliers situés près de Chicago, par quantités énormes, ce qui permet d'employer, pour chaque détail, un outillage complet, grâce auquel la construction atteint un degré de perfection incroyable.

Tout cela est entretenu avec une propreté méticuleuse. Le fumoir est meublé de grands divans et de fauteuils en rotin, mobiles. Un gardien spécial tient à la disposition des voyageurs des livres qu'on peut acheter ou louer. Il y a aussi un bureau avec tout ce qu'il faut pour écrire, à l'usage de ceux qui veulent employer leur temps à faire leur correspondance. En somme, il est impossible de rêver une manière de voyager plus agréable.

Vers midi, on vient annoncer le déjeuner. Nous pénétrons dans le wagon-restaurant, qui est muni, à l'une de ses extrémités, d'une cuisine complète dans laquelle opèrent trois cuisiniers en vestes blanches, et d'un office d'où un maître d'hôtel surveille les performances de deux garçons mulâtres. De chaque côté il y a six petites tables, avec du linge bien blanc et un gros bouquet de fleurs dans un vase, sur chacune. Le menu est étonnamment varié et abondant, et on nous sert un repas excellent.

Mlles Minnie et Annie n'ont pas cessé, depuis ce matin, de manger des bananes et des pêches qu'elles achetaient à un gamin qui circule dans le train. Cela ne les empêche pas de venir s'asseoir à la table voisine de la nôtre, et nous en profitons pour prendre en note leur menu et faire connaître aux jeunes Françaises qui seraient tentées d'envier la liberté dont jouissent les *miss* américaines, la déplorable façon dont ces dernières s'en servent, au grand dommage de leurs estomacs.

Elles ont commencé, pour s'ouvrir l'appétit, par grignoter deux ou trois épis de maïs bouilli, bien chauds; puis on leur a servi, cassés dans un verre, deux œufs. Elles les ont libéralement saupoudrés de sel, de poivre et de cayenne, ont battu du bout de leur couteau et ont *bu* le tout avec une visible satisfaction. Ensuite elles se sont fait apporter un concombre et deux grosses tomates crus, les ont découpés en tranches minces qu'elles ont mangées en salade, sans huile, mais avec force condiments délayés dans deux grandes cuillerées de vinaigre. Suffisamment rassasiées, elles ont terminé ce repas extravagant par une compote d'abricots! O Minnie *dear*, et vous, suave Annie, avez-vous au moins inscrit sur vos tablettes l'adresse de M. Shenck? Quelle consommation vous ferez, d'ici à peu, de ses pilules antidyspeptiques!

Un peu avant six heures, nous arrivons à Altoona, où le train s'arrête quelques instants dans une grande gare construite et pavée en bois comme toutes les autres, du reste : celle-ci est bordée de maisons et d'hôtels comme une place ordinaire. Le paysage a pris, depuis quelque temps, une apparence de plus en plus grandiose. Il y a trente ans, en 1858, quand le *Pennsylvania Railroad* établit ici de grands ateliers de réparation pour la ligne qu'il venait d'ouvrir, le pays n'était qu'une vaste forêt absolument déserte. Maintenant, Altoona est une jolie ville de 20,000 habitants, dont les rues sont sillonnées de tramways. Une énorme locomotive vient s'accrocher à celle qui nous a amenés, car nous allons commencer l'escalade des rampes à l'aide desquelles on traverse les Alleghanies et l'on passe du bassin de l'Atlantique à celui de la mer du Mexique. Les chauffeurs bourrent leurs fourneaux d'anthracite, le seul combustible usité; les énormes cheminées, en forme de cônes renversés, laissent échapper des flots de fumée; les deux mécaniciens, appuyés sur leur mise en train, se consultent de l'œil, et puis, d'un tour de main sec, ils précipitent la vapeur dans les tiroirs : les *conductors* crient à tue-tête le traditionnel *All aboard;* et pendant que les voyageurs s'entassent, en grappes pressées, sur les petits escaliers qui conduisent aux plates-formes des wagons, le train se met lentement en marche, au son de l'éternelle cloche qui rappelle aux citoyens de la bonne ville d'Altoona qu'ils feront bien de se garer. Bientôt, sortant du réseau des larges rues coupées à angle droit, nous rentrons dans la forêt et abordons le versant de la montagne. Je ne sais pas quelle est au juste la cote de la rampe le long de laquelle nos deux locomotives nous entraînent, mais cela doit être quelque chose de formidable. Je ne connais, en France, que la ligne du Pecq à Saint-Germain qui puisse lui être comparée.

Quant au paysage, il est admirable. L'immense forêt de résineux que nous traversons a, malheureusement, été dévastée. Les géants qui, pendant des siècles, avaient abrité les bivouacs des Indiens servent probablement maintenant de traverses à la voie. En tout cas, on ne voit plus que leurs souches noircies par le temps. Pas un seul arbre de belle dimension n'est resté debout. Mais, de loin, on ne s'aperçoit pas trop de ces vides, et les massifs, éclairés obliquement par le soleil qui baisse, prennent des tons ardoisés qui feraient le bonheur d'un paysagiste. Le tracé de la ligne a été dessiné avec une *maestria* admirable que favorise, du reste, le système de roues conjuguées par quatre, dont sont munis tous les wagons, et qui permet des courbes d'un rayon étonnamment court. Pas un ouvrage d'art important : sauf, tout en haut, un tunnel de 2 ou 300 mètres. Partout ailleurs on côtoie des croupes de montagne dans lesquelles on a taillé des lacets avec une hardiesse qui fait bien de l'honneur aux ingénieurs chargés des études. Une de ces courbes, connue sous le nom du *Horse Shoe Bend*, a été jugée digne d'être représentée sur tous les prospectus et indicateurs de la Compagnie. Elle est tellement accentuée, qu'un train qui descend commence par passer à 200 mètres environ de nous, de l'autre côté d'un précipice, avant de nous croiser, un kilomètre plus bas.

A peu de distance du tunnel qui nous a fait franchir le faîte de la montagne, nous arrivons à Cresson, une station thermale très fréquentée, où l'on a construit, tout près de la gare, un immense caravansérail dans un site ravissant. Puis la descente commence. Nous longeons, presque tout le temps, un torrent nommé le *Conemaugh Creek*, qui roule vers la plaine, de cascade en cascade, toutes les eaux, teintées de rouge par le sol ferrugineux, que lui apporte chaque petite vallée de la montagne. Ce pays-ci doit être le paradis des pêcheurs de truites. Il paraît, du reste, que les baigneurs de Cresson n'ont, en fait de sport, que l'embarras du choix, et qu'ils trouvent à tirer, dans les environs, d'innombrables cerfs et même quelques ours. Dans tous les cas, ils peuvent se vanter de passer leur saison d'eaux dans un des plus beaux pays que j'aie jamais vus.

A neuf heures, nous atteignons Pittsburgh, sur la Mononghahela : une ville de 200,000 habitants, en comptant ceux qui habitent un faubourg peu éloigné nommé Alleghany-City. C'est l'un des centres métallurgiques les plus importants de toute l'Amérique. La nuit, très noire, est illuminée par les feux d'innombrables hauts fourneaux qui flamboient à l'horizon. Nous ne nous y arrêtons qu'un instant, et puis nous repartons, au milieu des roulements d'un formidable orage.

Nous traversons même plusieurs villes importantes. On sent un ferment de vie bouillonner partout.

Que de changements se sont produits ici depuis cinquante ans ! Nous sommes encore dans l'Indiana; mais nous allons entrer dans l'Illinois, qui contient maintenant presque autant d'habitants que la Belgique : 3,078,636, au dernier recensement. Précisément, ces jours derniers, un vieux vétérinaire belge me racontait ses débuts dans ce pays, en 1836, je crois. Il voyageait dans un chariot, avec toute une caravane. Chaque jour, on tuait le gibier nécessaire à la nourriture du lendemain. Un soir, il s'était éloigné du campement, en suivant un ruisseau. Arrivé à un endroit où une digue de castors avait formé un petit étang, il descendit se cacher dans les roseaux qui le bordaient, espérant tirer des canards à l'affût. Il y était depuis quelques minutes, quand un bruit sourd lui fit retourner la tête. A quelques pas de lui, sur le haut de la berge, défilait une bande de cent ou cent cinquante Indiens, à cheval, le buste nu, recouvert de la peinture de guerre. Heureusement, ils passèrent sans le voir. Plusieurs portaient, à leur lance ou à la bride de leurs chevaux, des scalps encore tout sanglants. A l'endroit où il était caché, il a fait, vingt ans plus tard, construire un petit kiosque, au fond de son jardin, où il vient prendre le frais et boire de la bière qui sort d'une grande brasserie établie, par un ami, de l'autre côté du ruisseau. Il y a là, maintenant, une ville qui s'appelle Monouth, où passent deux ou trois chemins de fer et qui contient 15 ou 20,000 habitants.

CHICAGO. — UNE VILLA A GREENWOOD AVENUE.

Par moments, cependant, nous traversons des zones de terrains marécageux envahis par une végétation rabougrie : des résineux, dont je ne puis reconnaître l'espèce, trempent leurs racines dans de véritables lagunes remplies d'une eau noire et croupissante, marbrée, çà et là, de larges plaques irisées, sur lesquelles s'ébattent des bandes de canards et de sarcelles que le passage du train ne paraît pas préoccuper outre mesure. Ce pays-ci doit être un nid à fièvres pendant l'été, à rhumatismes pendant l'hiver. Mais ces considérations n'arrêtent pas les émigrants, qui calculent seulement le nombre de récoltes successives qu'on pourra tirer de ce bel humus noir accumulé, depuis tant de milliers d'années, à l'ombre des taillis. Sur bien des points, on a construit des habitations qui sont déjà entourées de quelques champs. La première année, on écorce une couronne autour de chaque arbre qui meurt au printemps. Le premier gros orage qui passe le jette par terre. On le brûle pour s'en débarrasser. Les vaches mangent avidement l'herbe qui pousse entre les souches : au bout d'un an ou deux, celles-ci seront assez pourries pour se laisser déchausser par les énormes charrues attelées de huit ou dix paires de bœufs, et, à l'automne suivant, le fermier pourra envoyer à Chicago un train chargé de son blé.

Enfin, à dix heures trente, nous entrons dans une immense gare : le train vient s'arrêter le long de quais pavés en bois, qui doivent fournir de bien terribles éléments de combustion aux incendies si fréquents dans ce pays : nous sommes à Chicago.

Dans la cour de la gare, nous trouvons des omnibus pour nous conduire à l'hôtel. Ils sont attelés de beaux chevaux gris pommelé qui font honneur à leurs pères percherons. L'Illinois est depuis dix ans le grand centre d'importation de ces admirables animaux, et dès le premier coup d'œil que nous jetons aux attelages des camions et des innombrables charrettes que nous croisons dans les rues, nous pouvons constater l'heureuse influence du vieux sang normand sur la production chevaline de ce pays. Il paraît qu'à la troisième génération il n'en reste plus rien : mais les résultats obtenus, au cours des deux premières, sont si remarquables, que les Yankees semblent prendre très facilement leur parti de l'obligation où ils se trouvent d'importer toujours de nouveaux reproducteurs.

Dans ces rues, le mouvement est prodigieux. Nous passons dans un tunnel qu'on a creusé sous un large cours d'eau. Plus loin, nous traversons une autre rivière sur un pont tournant, du haut duquel nous voyons une multitude de grandes goélettes amarrées contre les quais des deux rives; des grues agitant leurs grands bras au milieu des mâtures enchevêtrées; des petits remorqueurs entraînant vers le lac des navires dont l'équipage, groupé à l'avant, déborde, avec de longues gaffes, aux endroits difficiles; toute la joyeuse confusion d'un port de mer : enfin, notre omnibus s'arrête devant un immense édifice occupant, à lui seul, tout un *block;* par la porte entr'ouverte, nous distinguons un *hall* immense, encombré d'une foule de gens qui se bousculent. On se croirait à une bourse. Nous sommes simplement arrivés au *Grand Pacific Hotel*.

II

CHICAGO.

Quand nous avons eu inscrit nos noms sur le registre de l'hôtel, le *clerk* nous a fait conduire à un appartement situé au deuxième étage, qui se compose de deux chambres, d'un salon et d'une salle de bain. Tout cela est éclairé par vingt-deux becs de gaz : nous les avons comptés. Les lits sont excellents et d'une propreté admirable. La salle de bain, où l'eau chaude et froide arrive jour et nuit, est garnie de piles de serviettes et de savons de toutes les formes et de toutes les couleurs : il y a des tapis partout, et une pancarte clouée à la porte nous apprend que tout cela, y compris quatre repas par jour, nous coûtera 20 francs par tête. Je ne puis m'empêcher de consigner ces chiffres, parce qu'ils me semblent absolument inexplicables, étant donnée surtout la valeur de l'argent dans ce pays. Depuis que je suis en Amérique, je ne cesse de m'extasier sur la cherté des fiacres et sur le bon marché des hôtels. Dans tous les pays du monde où j'ai voyagé, et la liste commence à être longue, en payant mes notes d'hôtel, j'ai toujours eu la conscience que j'étais volé. Ici, quand j'examine ma note, je me sens pris de scrupules, et j'ai envie de demander au *clerk* s'il est bien sûr de ne pas s'être trompé à son désavantage.

Tout en déjeunant, nous avons tenu conseil pour décider de nos faits et gestes. Nous avons quarante-huit heures à passer à Chicago : comment des touristes consciencieux doivent-ils employer ce temps? Le *Guide-book*, que nous avons admis en tiers dans nos délibérations, et auquel nous en référons, nous donne tous les renseignements désirables. Au fond, j'aimerais assez une promenade sur le port, suivie d'une pêche à la ligne dans le lac. Il paraît que le Michigan recèle dans ses ondes des truites grosses comme des cachalots et des perches merveilleuses. Mais ma proposition est accueillie d'une façon si méprisante par M..., que je n'ose pas insister. On vient à Chicago, affirme-t-il, non pour pêcher à la ligne, mais pour voir tuer des cochons. Il est donc décidé que nous irons voir tuer des cochons. Du reste, je suis moi-même assez curieux d'aller voir cela. Un capitaine marseillais m'a, dans le temps, décrit les procédés employés. Il affirmait que les cochons étaient amenés, par leurs propriétaires, à l'orifice d'un mécanisme très compliqué, mû par la vapeur. On mettait la machine en train, et, au bout de deux minutes, le cochon reparaissait à l'autre extrémité, transformé en saucisses. Si celles-ci n'étaient pas suffisamment assaisonnées ou que, pour toute autre cause, l'opération n'eût pas donné des résultats satisfaisants, il suffisait, disait-il, de faire aller la machine en arrière, pour voir reparaître le cochon tout en vie et prêt à subir un nouvel essai. J'ai toujours soupçonné les récits du capitaine d'être empreints d'une certaine exagération; aussi je ne suis pas fâché de voir les choses par moi-même.

Comme nous avons négligé de nous munir de lettres de recommandation pour M. Armour, l'Attila des cochons, nous allons exposer notre cas au banquier auprès duquel nous sommes crédités, et c'est munis d'un mot d'introduction de sa main que nous nous faisons conduire à l'*Union Stock-Yard*.

CHICAGO. — LA RUE, LE SOIR.

Le commerce de la ville de Chicago, qui, aux États-Unis, n'est surpassé que par celui de New-York, a deux spécialités principales. D'abord, la *Cité des Prairies* est devenue le plus grand mar-

CHICAGO.—WABASH STREET.

ché de grains du monde entier : car c'est dans ses élévateurs que viennent affluer toutes ces expéditions de blé qui inondent le marché européen : c'est aussi le pays de l'univers où il se tue le plus de cochons : on y abat également pas mal de bœufs pour en faire des conserves. Mais le massacre des bœufs n'est rien en comparaison de celui des cochons.

L'établissement où l'on nous conduit, le plus important de tous, celui de MM. Armour et C¹ᵉ, est un immense bâtiment à cinq ou six étages. A l'une des extrémités sont des parcs, où des trains de chemin de fer viennent constamment décharger leur cargaison vivante et grognante. Les nouveaux arrivés poussant les anciens, ces malheureux animaux, affolés, se précipitent à l'escalade d'un plan incliné, en forme de triangle dont le sommet atteint le niveau de l'étage supérieur.

Nous y montons, de l'autre côté, par un escalier dont les marches sont toutes glissantes de sang. On nous fait pénétrer dans une grande pièce qui a l'apparence d'un véritable pandémonium. Je commence à croire que mon Marseillais a moins exagéré que je ne me le figurais. Des hommes à moitié nus, ruisselants de sang, courent de tous les côtés au milieu de machines d'apparence sinistre; des débris sans nom couvrent le plancher; des chaînes, armées de crocs aigus, retombent vers le sol, après s'être enroulées à des poulies pendues au plafond : à nos pieds, se trouve une sorte de puits carré, de trois ou quatre mètres de côté, sur deux de profondeur. Une porte à coulisse se relève : c'est alors que nous voyons la masse grouillante des porcs, dont une simple cloison nous sépare. La seule pression de tous ces corps en fait rouler douze ou quinze dans le puits. La porte retombe alors. Un homme saute au milieu d'eux, saisit le jarret du premier qui lui tombe sous la main et y enfonce l'un des crocs que nous avons vus. Le cochon, hissé aussitôt par la chaîne qui s'enroule sur un treuil à vapeur, descend lentement, la tête en bas, le long d'un plan incliné, en poussant des hurlements effroyables. Un homme l'attend au passage, qui, d'un coup de couteau, lui fend la gorge. Celui que nous voyons opéré de la sorte est le trois cent cinquante millième tué dans ce seul établissement depuis le 1ᵉʳ janvier (je dis 350,000!). Un décliquetage le fait tomber, tout vivant encore, dans une cuve d'eau bouillante, d'où une grille en fer que fait mouvoir un excentrique le rejette, d'un coup sec, dans un défilé bordé de huit roues à brosses, faisant quatre ou cinq cents tours à la minute, qui enlèvent toutes les soies : et puis ces gros corps tout ronds tombent d'étage en étage, subissant à chaque instant une nouvelle transformation. Il en passe sept à la minute! Nous les suivons jusqu'à la chambre, pavée de gros blocs de glace, où il se refroidissent. Puis on nous fait arpenter l'atelier, où quatre cents charcutiers, tout en surveillant les guillotines à vapeur qui hachent la chair à pâté, confectionnent des kilomètres de saucisses et des lieues d'andouillettes (1). Nous voyons, à travers une buée infecte, les cuves où des tonnes de saindoux mijotent sur de grands feux clairs; les salles où s'enfument vingt mille jambons. Un peu plus loin, nous enfilons une avenue bordée de quelques milliers de têtes pendues à des crocs, qui nous regardent par leurs yeux entr'ouverts sous leurs paupières plissées.

Pour le coup, je proteste énergiquement. Toutes ces têtes ont des physionomies si inquiétantes qu'elles finiraient sûrement par donner le cauchemar. Chez certains, les muscles, tirés par en haut, donnent à la face, encadrée de ses deux oreilles ramenées en avant, un air de gouaillerie féroce et sinistre; d'autres expriment très clairement une abjecte terreur; quelques-uns témoignent d'une surprise douloureuse. Nous n'avions pas vu tuer les bœufs : il nous a fallu aller voir tuer les bœufs.

Je dois le dire, la première impression a été beaucoup moins répugnante que je ne le craignais. Les choses se passent avec un certain pittoresque. Sur une petite construction en planches, de forme bizarre, nous voyons un gros monsieur, en bras de chemise, qui se promène gravement, coiffé d'un chapeau tyrolien orné d'une plume. Il chante d'une voix attendrie un *lied* allemand, où il est question de nuages blancs qui courent dans un ciel bleu, de ruisseaux serpentant dans les prés verts et des saucisses que mangent deux amants en se tenant la main! Enfin, toute la poésie de la naïve Allemagne! Seulement ce qui nous semble extraordinaire, c'est que ce gros monsieur tient à la main une carabine, le canon dirigé vers le sol, et en tire un coup à chaque pas qu'il fait, comme pour ponctuer les vers de sa cantilène amoureuse. Arrivé à l'extrémité de sa course, il dépose sa carabine, s'essuie le front, avale un grand verre de bière, et puis, nous apercevant, il nous invite d'un geste gracieux à venir le rejoindre, ce que nous faisons en montant à une petite échelle. Quand nous sommes auprès de lui, nous comprenons ce qui se passe.

Devant nous s'étend une rangée de vingt-cinq loges en charpente, semblables à des stalles d'écurie très étroites. A notre gauche, elles s'appuient au grand bâtiment dont nous venons d'explorer les étages supérieurs. Chacune en est séparée par une porte à coulisse. De l'autre côté, une porte agencée de la même façon les fait communiquer avec un grand parc contenant quatre ou cinq cents bœufs, qu'une dizaine d'hommes à cheval, armés de gros fouets, maintiennent réunis en masse serrée.

Au moment où nous arrivons, les loges sont vides et les portes de gauche fermées : un mécanisme quelconque ouvre tout d'un coup celles de droite. Vingt-cinq bœufs placés au premier rang, cédant

(1) La maison Armour occupe trois mille cinq cents ouvriers. On y tue annuellement plus de douze cent mille cochons.

à la pression qui les pousse en avant, se précipitent dans l'espace
libre qu'ils voient devant eux. Aussitôt qu'ils sont entrés, les portes
retombent. Chaque animal se trouve ainsi isolé entre quatre murs
de planches élevés de sept ou huit pieds. C'est alors que le chasseur tyrolien recommence sa promenade. Il marche sur une sorte
de passerelle qui domine toutes les loges. Chaque bœuf, en entendant sa voix, relève la tête : le bonhomme lui envoie, au
beau milieu du front, une balle de sa carabine à répétition. Puis
il passe à un autre. L'animal, sitôt frappé, tombe foudroyé, et à
travers la porte de gauche, qui s'ouvre, il roule dans le sous-sol,
où nous voyons s'agiter les bouchers qui préparent la viande. En
moins de cinq minutes, le Tyrolien a fini sa tournée et revient
nous rejoindre. Il tue, pendant cinq ou six mois de l'année, de
trois à six cents bœufs par jour! Je lui ai demandé si c'était toujours avec la même carabine et sur le même air; il m'a répondu
qu'il changeait assez souvent de carabine, mais chantait toujours la
même chanson.

Quand, non contents d'avoir appris l'art de tuer des bœufs à
coups de fusil, nous en avons vu dépouiller et découper deux ou
trois douzaines, nous quittons, à ma grande satisfaction, l'établissement de M. Armour. Nous donnons, cependant, un coup d'œil
aux parcs. Ils sont aménagés pour recevoir, à la fois, cent cinquante mille cochons; quelques milliers s'ébattent joyeusement
devant nous dans de grands enclos, sans paraître se douter du
sort qui les attend. Ils sont presque tous noirs; suffisamment gras,
sans être énormes : d'une bonne espèce qui rappelle notre race
tonkinoise.

C'est encore la Prairie qui fournit cette immense quantité d'animaux. Presque tous arrivent du Kansas, de l'Illinois, de l'Ohio, du
Missouri, de l'Indiana et du Kentucky. La production dépend de
la récolte du maïs qui sert à les nourrir. Sur bien des points aussi,
on leur fait manger des débris de boucheries.

Disant adieu à ces intéressants cochons, nous allons visiter les
parcs de bêtes à cornes : ils peuvent en recevoir vingt-cinq mille.
Les provenances sont indiquées par les différences de race. Le Sud
envoie encore des troupeaux d'animaux bien faits, aux cornes
énormes, mais cependant peu susceptibles d'engraissement. C'est
la race presque sauvage du Texas. Elle tend à disparaître, par suite
de l'introduction de reproducteurs Durham de premier ordre que
les ranchmen font venir d'Angleterre. Leur influence se fait dès à
présent sentir de la manière la plus évidente. Les ranchs de l'Ouest
n'envoient déjà plus que des animaux qui montrent tous les traits
caractéristiques auxquels la célèbre race anglaise doit sa réputation. Ces bœufs ont trois ou quatre ans. Ils ont été élevés absolument à l'état sauvage. Assurément ils ne sont pas aussi chargés
de graisse que la moyenne des bœufs que l'on envoie, à la Villette,

des bons pays d'élevage; mais, malgré le long voyage qu'ils viennent de faire pour arriver ici, ils sont dans un très bel état, et leur viande est superbe. Ils pèsent, sur pied, de douze à seize cents livres.

ÉTABLISSEMENT ARMOUR. — LE PARCAGE DES ANIMAUX.

Au cours de notre promenade, nous faisons connaissance avec les fameux *cow-boys* dont il est tant question dans les romans américains. Il y en a toujours quelques centaines qui ont quitté les prairies de l'Ouest pour accompagner leurs bêtes jusqu'ici. Ils galopent de tous les côtés, montés sur des poneys maigres qu'ils semblent écraser : d'autant plus que leurs selles sont énormes. Elles ont un pommeau pointu, auquel pend le *lasso* ou *lariat* en cuir tressé. Les étriers sont en bois. Ils sont tous sales à faire peur et ont l'air de parfaits bandits.

J'ai acheté hier, en revenant des *Stock-yards*, une foule de livres et de brochures qui m'ont appris toutes ces belles choses. Deux « citoyens proéminents » (*prominent citizens*), avec lesquels nous avons déjeuné avant de nous mettre en route, nous ont aussi chanté la gloire de la ville. L'un d'eux affirme même qu'il est reconnu (*it is generally allowed*) qu'on ne peut rien trouver en Europe qui lui soit comparable sous le rapport de l'architecture. Ce qu'il y a d'amusant, c'est que, pour fixer les idées, il cite toujours les prix. C'est l'usage ici. Un Américain qui vous décrit sa ville vous dit toujours : « Nous avons une prison de trente mille dollars et une église de quarante mille! » Une fois même, on m'a dit d'un juge avec admiration : *He is a twenty thousand dollars man!* Cela voulait dire que, pour l'acheter, il avait fallu débourser vingt mille dollars. On trouvait cela une bien grosse somme! Enfin notre cocher est également un patriote qui ne nous fait grâce de rien. Il nous arrête devant tous les monuments, nous en donne les dimensions, insiste pour nous en faire visiter l'intérieur, et, quand il remonte sur son siège, il finit invariablement ses explications par un *Nothing equal in Europe, I guess!*

A Chicago, on sent à chaque instant qu'on a voulu faire beau sans regarder à l'argent, mais on constate une incohérence, dans toutes ces tentatives, qui déroute le goût.

Nous faisions ces réflexions pendant que notre automédon nous faisait courir de la prison à l'hôtel des postes; du *Sherman-House* au *Tremont-House* et au *Palmer-House* : trois hôtels qui ne le cèdent en rien, comme dimensions, au *Grand-Pacific*. Il paraît que bien des gens se rappellent encore le temps où les fenêtres de l'ancien *Palmer-House* étaient un excellent poste pour la passée des bécasses et celle des canards sauvages. Avant de descendre dîner, les habitués tuaient quelques pièces sans quitter leurs chambres à coucher. Tous les soirs on entendait une vraie fusillade. Le terrain où cela se passait et où s'élève le nouveau *Palmer-House* a été vendu deux millions de dollars, dix millions de francs! La construction en a coûté dix autres millions.

Tous ces hôtels ont un grand luxe de décoration. Mais quel singulier goût ont les gens de ce pays! L'architecte du *Grand-Pacific* a évidemment lu quelque part qu'un édifice qui se respecte devait avoir une colonnade. Seulement, comme les colonnes elles-mêmes auraient gêné l'ordonnance de son escalier, il s'est contenté des socles et des chapiteaux. Les premiers reposent sur le sol, comme c'est leur métier; les seconds pendent au plafond; il n'y a rien entre les deux, et tout le monde est content. Le reste est à l'avenant.

Après la prise du palais d'Été, on mangeait dans des assiettes de vieux chine, avec des fourchettes en fer battu ; comme nappes, on employait des étoffes de soie brochée d'or; et le soir, à dîner, on s'éclairait au moyen de chandelles fichées dans une bouteille vide. La civilisation de ce pays-ci a des côtés qui rappellent ce bon temps-là. Partout on sent qu'on côtoie encore l'état sauvage. On rencontrerait, au coin d'une rue, un *Sioux* ou un *Ob-jib-be-waz*, en peinture de guerre, qu'on n'en serait pas trop étonné, car devant bien des boutiques il y a des poteaux auxquels sont attachés des chevaux de race indienne, sellés, le lasso pendu au pommeau, le winchester accroché à l'arçon. Ils attendent leurs propriétaires, des *ranchmen* et des *cow-boys*, haut bottés, qui vaquent à leurs affaires, en ville, avant de retourner au *Stock-yard*. Les rues sont sillonnées de *boggies*, d'omnibus et de tramways. Sur l'une des principales lignes, les chevaux sont remplacés par un mécanisme très curieux. Entre les deux rails existe une rainure profonde de quelques centimètres, dans laquelle court, sur des galets, une corde sans fin, longue de plusieurs kilomètres, qui va s'enrouler aux deux extrémités, sur des tambours mus par la vapeur. Chaque voiture est munie d'une sorte de griffe à l'aide de laquelle son conducteur s'accroche à la corde et suit son mouvement. Quand il veut s'arrêter, il lui suffit de relever la griffe. Ce système a l'air de fonctionner fort bien. On voit à chaque instant passer des petits convois de trois ou quatre voitures, marchant d'un bon train et cependant manœuvrant très facilement soit pour prendre des voyageurs, soit pour éviter les encombrements de voitures. C'est le parfait alignement des rues qui permet l'emploi de ce moteur. Chez nous, il ne serait guère utilisable.

Les trottoirs sont pour la plupart en bois, à moitié pourris, souvent crevés, toujours d'une saleté révoltante. D'ignobles baraques en planches sont mitoyennes d'immenses maisons à sept ou huit étages à façade en pierre sculptée. Les terrains vacants, — il y en a encore beaucoup, même au centre de la ville, — sont en contrebas de sept pieds pour les raisons que j'ai expliquées plus haut. Ils se sont remplis d'immondices de toute espèce d'où s'exhalent des odeurs abominables. Souvent on y a construit, en attendant mieux, des masures servant de cabarets pour les ouvriers et les matelots du port. Nous nous arrêtons à la porte de plusieurs, et nous y entrons sous différents prétextes pour nous rendre compte de la manière dont vit ici la classe ouvrière. Quelle différence avec ce qui se passe chez nous !

Les prix sont affichés à la porte de chaque cabaret : *A square meal for 25 cents! A good substantial luncheon for 12 cents!* 12 et 25 sols ! qui, si l'on tient compte de la différence de l'argent, n'en valent pas plus de 8 et de 16 en France. Mais il faut voir de quoi se composent ces bons *dîners carrés* et ces *luncheons* si *substantiels*. Des écuelles en fer battu sont alignées sur des tables graisseuses qui ne sont même pas garnies de toile cirée. Les fourchettes à deux dents sont en fer. Chaque client va se faire servir au comptoir un morceau de bœuf raccorni au four, avec des légumes cuits à l'eau. On y ajoute un cornichon, et il s'en va content. En fait de boisson, il a le droit de puiser avec une cuiller à pot dans un baquet en bois où nagent de gros morceaux de glace. Les amateurs de *luncheons* sont encore moins difficiles. On leur découpe leur pitance dans une grosse masse noire, d'apparence compacte et graisseuse, qu'on décore du nom de pudding. Voilà le menu d'un *working man* américain.

Nous allons visiter un des entrepôts de grains, nommés élévateurs, dont la création a causé une telle révolution dans le commerce des céréales. Celui qu'on nous fait voir, l'un des plus importants de vingt-quatre qui existent à Chicago, se trouve au bord du lac et de la rivière : trois ou quatre navires accostés sont en chargement. Au moment où nous arrivons, un train entier chargé de blé s'enfonce dans la porte béante qui est la seule ouverture de l'immense bâtiment à six étages. Le fond de chaque wagon s'entr'ouvre et laisse glisser son chargement dans de grandes fosses creusées entre les rails. A peine le train est-il reparti, que des chaîne à godets enlèvent le grain aux étages supérieurs, où nous montons par un interminable escalier. Dans une pièce longue de soixante ou quatre-vingts mètres, sont alignés les réservoirs en bois où le produit de la moisson de centaines de milliers d'hectares vient s'accumuler chaque année avant d'être envoyé en Europe. Cette salle contient 1,800,000 bushels (1 bushel = 35 litres).

L'organisation financière de ces élévateurs mérite une mention, car il en a été fort question dans ces derniers temps. Quand un fermier américain a battu sa récolte, au lieu de garder son blé chez lui ou de le porter lui-même au marché, il s'empresse de l'envoyer à l'un de ces entrepôts. Des experts apprécient la qualité du grain et le classent dans une des cinq catégories admises par le commerce. Puis son propriétaire reçoit un bon de dépôt tout à fait analogue au livre de chèque que donne un banquier au client qui a mis des fonds dans sa maison. A partir de ce moment, le fermier a un crédit ouvert, non en argent, mais en bushels de blé. Il peut vendre ces bons ou les donner en gage, suivant ses convenances. Ce sont des valeurs négociables, qui passeront peut-être entre vingt mains différentes avant d'arriver dans celles du marchand qui prendra réellement livraison.

Au moment où nous examinons l'un de ces réservoirs, un surveillant y constate dans le grain quelques traces d'échauffement, causé par l'humidité. Une trappe est immédiatement ouverte à la partie inférieure, et les 8 ou 10,000 bushels qu'il contient sont projetés sur le sol d'une hauteur de trente mètres environ. Cela suffit pour sécher complètement le grain, ainsi que nous pouvons nous en convaincre au bout de quelques minutes, quand les chaînes à godets commencent à le rapporter.

Pour assurer la sécurité des transactions immenses qui se font sur les bons de dépôts que délivrent ces établissements, il est indispensable que les acheteurs comme les vendeurs soient parfaitement rassurés sur la manière dont ils sont administrés. Aussi cette industrie s'exerce sous le contrôle du gouvernement de l'Illinois. Des fonctionnaires spéciaux vérifient constamment les livres et adressent au gouvernement des rapports qui sont rendus publics, et

ÉTABLISSEMENT ARMOUR. — LE HALL DES PORCS.

dans lesquels sont indiquées non seulement les quantités, mais encore la qualité.

Il existe en ce moment vingt-quatre de ces élévateurs, pouvant emmagasiner à la fois vingt-quatre millions de bushels de blé; quelque chose comme huit millions d'hectolitres : et chaque jour il s'en construit de nouveaux qui se remplissent immédiatement, car les anciens ne peuvent plus suffire à la production, qui va toujours s'augmentant, à mesure que de nouveaux chemins de fer s'ouvrent à travers les prairies de l'Ouest. D'un autre côté, grâce aux facilités toujours croissantes des communications, les producteurs américains voient s'élargir pour eux le marché européen. Jusqu'à présent, ce pays-ci a joué le rôle bienfaisant des greniers d'abondance.

créés en Égypte par Joseph. Si l'on n'y prend pas garde, ce qui était et ne devrait être que l'appoint nécessaire dans certaines années pour combler les vides laissés dans l'approvisionnement par une mauvaise récolte deviendra le principal.

La zone productrice de blé, *the great wheat belt*, est une large bande qui s'étend horizontalement, sur la carte, des Alleghanys aux montagnes Rocheuses. Elle est bornée au nord par le 46° ou le 47° parallèle. Plus haut, il fait généralement trop froid ; au sud, elle ne dépasse guère le 27° degré. Il est bon d'ajouter qu'à peine la dixième partie de cette région, si heureusement douée, est en culture. Le reste est encore à l'état de prairie.

Tout ce pays est relativement très peu peuplé. Ses productions doivent s'écouler vers l'Est, puisque c'est là que se trouve le consommateur américain ou européen. Il a donc fallu trouver un point central où les marchands de l'Ouest pussent se rencontrer avec les clients de l'Est.

Partout et de toute antiquité, la force des choses a désigné à l'homme certains de ces points destinés à devenir le lieu du rendez-vous des peuples. Byzance, en Europe; Alexandrie, en Afrique; Han-kow, en Asie, sont les types les plus connus de ces lieux privilégiés. Mais nulle part, peut-être, la nature n'a plus clairement indiqué son choix qu'à Chicago.

Du côté de l'Ouest, les immenses plaines se déroulaient devant l'ingénieur. Il n'a eu que la peine de poser les rails pour pouvoir y lancer des trains, qui amènent à la porte des magasins de la ville tous les produits de la prairie. Leur expédition vers l'Est est assurée par des moyens encore plus simples. Il suffit de regarder une carte pour voir que le Michigan, l'Huron, l'Érié et l'Ontario sont de véritables mers intérieures, d'une grande profondeur, communiquant toutes entre elles, et dont le débouché vers l'Atlantique serait assuré par le Saint-Laurent, si la cascade du Niagara ne devait pas imposer un déchargement coûteux aux marchandises. Cet obstacle a déjà depuis longtemps été supprimé par la création d'un canal à dix écluses, qui réunit l'Érié à l'Ontario, en tournant les chutes.

Aucune ville maritime, n'offre un aménagement plus complet et mieux entendu que Chicago. L'atterrissage était des plus faciles, car la côte est très saine, et l'on trouve des fonds de dix ou douze brasses tout près du bord. Les trois rivières, profondes de sept à huit mètres, fournissaient un admirable port naturel auquel il ne manquait que des quais. L'entrée seulement était quelquefois rendue un peu difficile par les grandes brises du nord et du nord-est. On a remédié à cet inconvénient par la construction de trois jetées munies de phares qui créent une rade artificielle, dont la disposition rappelle un peu celle de Cherbourg.

Dans l'intérieur de la ville, les rivières ont été garnies de quais offrant un développement énorme qui a encore été augmenté, sur beaucoup de points, par le creusement de nombreux canaux. Les usines, les élévateurs se sont construits sur ces quais, dont la longueur totale est de plus de cinquante kilomètres. Tout est si admirablement disposé, qu'en quelques heures un navire peut repartir après avoir été déchargé et rechargé. Dans ces conditions, il n'est pas étonnant que le commerce maritime ait pris une énorme importance.

Le littoral des lacs a toujours suffi pour fournir à ces navires un fret abondant. Les forêts du Canada, du Michigan et du Wisconsin envoient leurs bois. La partie nord de la Pensylvanie, qui touche au lac Érié, contient une énorme quantité de charbon, et les cargaisons qui viennent s'empiler sur les quais de Chicago fournissent aux fonderies récemment fondées un combustible si abondant et si économique, qu'elles rivalisent avec celles de Pittsburgh pour la production du fer et de l'acier.

En attendant le dîner, nous allons nous promener dans le *Lake-Park,* tout près de l'exposition, sur les bords du lac. Ce qu'on appelle le *Lake-Park* est une grande place, bordée de magnifiques maisons, mais couverte de décombres et d'immondices. De plus, elle est sillonnée par les trois ou quatre voies du *Baltimore and Ohio Railroad,* que les trains parcourent à chaque instant à toute vitesse. Il n'y a, bien entendu, aucune barrière.

Quelques nivellements, des plantations et des gazons en feraient une admirable promenade. On n'y a apparemment pas songé. Le quai en bois est dans un tel état de délabrement, que nous sommes obligés, par moments, de faire une vraie gymnastique pour sauter de madrier en madrier, en évitant les grands trous où de gros rats courent sur les piles effondrées. Une centaine de pêcheurs à la ligne sont assis, surveillant silencieusement leurs bouchons. Au milieu de l'agitation générale, leurs figures calmes et reposées font plaisir à voir : d'autant plus qu'elles s'illuminent de temps en temps d'un éclair de bonheur; car, à chaque instant, ils relèvent de belles perches toutes brillantes, aux nageoires rouge sang, qu'ils jettent dans un filet plongé dans l'eau à leurs pieds. Il paraît que, pour prendre des truites, il faut aller un peu au large. Il y a là une trentaine de petits côtres à la disposition des nombreux amateurs.

La journée avait été chaude; le soleil descendait vers l'ouest; le Michigan roulait devant nous ses lames grises à reflets bleus qui venaient se briser doucement à nos pieds en se frangeant d'écume; à l'horizon, on voyait les grandes goélettes se penchant à la brise sous leurs voiles blanches; et puis de l'autre côté s'élevait la grande ville fiévreuse, avec ses hautes cheminées, ses immenses maisons, les locomotives qui passaient en sifflant; toute une rumeur d'un travail acharné qui arrivait jusqu'à nous. Une foule encombrait maintenant la place, venant respirer la fraîcheur du soir : nous regardions tous ces hommes, maigres, les joues creuses, la démarche harassée ou fébrile; riches, auxquels la richesse procurait si peu de jouissances.

A ce moment, un juron mâché sourdement attira notre attention. Un des pêcheurs se disposait à rentrer chez lui; il venait de retirer de l'eau son filet. Quelques écrevisses y avaient pénétré sournoisement et avaient déjà presque entièrement dévoré une belle perche. Sept ou huit des coupables, les plus grosses, étaient restées prises. L'homme les retirait des mailles et les rejetait rageusement à l'eau. Toujours désireux de m'instruire, je lui adressai la parole :

« Monsieur, lui dis-je, pourriez-vous m'expliquer pourquoi vous rejetez ces belles écrevisses?

— Et que voulez-vous que j'en fasse? répondit-il en s'arrêtant d'un air étonné.

— Mais, les manger, apparemment.

— Les manger! farceur! (*Now, don't chaff!*) Comme si cela se mangeait! »

Et il reprit sa stupide besogne. Je le regardais d'un œil chargé de mépris. M..., qui avait tant bien que mal suivi la conversation, me prit par le bras :

« Mon bon ami, me dit-il, vous rappelez-vous le joli conte de Perrault qu'on nous racontait quand nous étions petits, *la Belle au bois dormant?* Il s'agissait d'une belle princesse au baptême de laquelle on croyait avoir convoqué toutes les fées. Mais on en avait oublié une, et celle-là, pour se venger, jeta à la pauvre petite un sort qui rendit inutiles tous les cadeaux de ses marraines. Eh bien, c'est l'histoire des Américains. Ils ont tout, mais ils ne savent se servir de rien.

Et nous allâmes dîner, pour la dernière fois, au *Grand Pacific Hotel*, en compagnie de sept ou huit cents Yankees très riches, mais qui ne mangeaient que du lard rance, ne buvaient que de l'eau claire, étaient tous affligés de dyspepsie, et dont l'immense majorité portaient des bottes éculées.

C'est un vrai monde que ce *Grand Pacific*. Il est monté sur un pied encore plus colossal que le *Fifth Avenue* de New-York. Il paraît qu'il peut recevoir deux mille cinq cents voyageurs, et il est presque plein. Les corridors sont de véritables dédales, dans lesquels je me perds régulièrement toutes les fois que je sors de ma chambre. Le service est fait exclusivement par des nègres, ce qui me donne encore l'occasion de constater combien les premières impressions s'effacent difficilement. J'ai passé toute ma première jeunesse sur la côte d'Afrique, en plein pays de production du « bois d'ébène », pour employer l'expression des négriers auxquels nous donnions la chasse. Depuis ce temps-là, je ne peux plus voir un noir qui ne soit pas tout nu, sans éprouver le sentiment pénible qu'inspire toujours la vue d'un malheureux caniche affublé d'un costume de marquis; et quand j'aperçois une négresse vêtue d'autre chose que d'un anneau dans le nez, je me sens pris, instinctivement, de ce mouvement de compassion qu'on a pour les guenons qui, dans les cirques, figurent sur la corde roide, en costume de danseuse.

Nous sommes reçus à la porte par un mulâtre, jaune comme un citron. Il nous a introduits dans une immense pièce où des centaines de consommateurs dévorent à la hâte leur réfection. Je

ÉTABLISSEMENT ARMOUR. — LE DÉPEÇAGE.

ne dis pas dîner, parce que, dans ce pays, je ne me reconnais jamais dans les repas. Il y a deux salles à manger. La première s'ouvre de six heures du matin à neuf heures. On vous sert des viandes froides, des œufs, du café, et cela s'appelle le déjeuner. De neuf heures à deux heures, on peut se faire servir un grand dîner dans une autre salle. De deux à cinq, on revient dans la première pour le *luncheon*. De cinq heures à minuit et demi, c'est le tour du souper. A tous ces repas, les menus sont aussi copieux que ceux du *Fifth Avenue*. Maintenant que l'expérience nous est venue, nous nous tirons d'affaire très bien. Quand nous nous asseyons, on nous sert d'abord les fraises et la crème, sans lesquelles on ne peut pas commencer un repas. Nous avons renoncé à réclamer; c'est inutile. Nous demandons alors de la soupe et un relevé. Le garçon les apporte, croyant que c'est tout ce que nous voulons : puis il disparaît. Quant nous avons fini, nous poussons quelques rugissements; alors le fonctionnaire mulâtre s'approche pour savoir ce qui nous arrive. Nous réclamons un second garçon, auquel nous commandons le rôti et les légumes. On nous les apporte sans défiance : une opération analogue nous procure le dessert et le café, et nous avons tout mangé à peu près chaud; mais le fonctionnaire ne nous cache pas que notre conduite est bien peu correcte, et nos voisins, qui, eux, picorent leur nourriture, selon les rites, dans vingt-cinq petits plats froids, ne dissimulent pas leur indignation. Du reste, de notre côté, nous manifestons hautement la nôtre. Neuf personnes sur dix mangent le fameux *bacon* frit (lard), qui est le plat national des Américains de l'Ouest. Je me rappelle avoir vu brûler une porcherie contenant huit ou dix cochons qu'on n'eût pas le temps de faire sortir. L'odeur qui venait des décombres est absolument celle qui remplit la salle.

Les Américains que l'on voit à New-York sont tous plus ou moins européanisés. Il faut venir ici pour trouver le véritable Yankee. On rencontre à chaque pas des grands bonshommes maigres, au teint jaune, les yeux brillants, les cheveux longs et gras, les joues creuses ou gonflées d'une chique, rasés soigneusement, sauf une longue barbiche, le geste fiévreux et saccadé : quelle que soit leur position de fortune, leur tenue est toujours négligée. Je ne veux pas dire qu'ils soient sales : mais leurs cravates sont tordues autour de leurs cols; leurs jaquettes et leurs pantalons n'ont jamais l'air d'avoir été faits pour eux; les chaussures dans lesquelles s'enfouissent leurs énormes pieds sont lamentables. Quelques-uns portent les grandes bottes et la chemise de flanelle des *cow-boys*. Ce qui frappe tout d'abord, c'est l'aspect misérable et surchauffé tout à la fois de tous ces gens. Les romanciers américains, quand ils parlent des hommes de l'Ouest, emploient toujours une foule d'adjectifs, tels que *burly, stalwart, brawny*, qui vous donnent l'impression d'une collection de géants déracinant les chênes pour s'en faire des cannes. On est tout étonné de voir des gens grands, c'est vrai, mais qui ont l'air de sortir d'un hôpital de fiévreux. Cependant le climat est admirable, l'aisance et même la richesse générales : c'est leur régime qui les réduit tous à cet état.

Nous nous sommes liés avec le *clerck* de l'hôtel. C'est un Canadien qui, paraît-il, est célèbre par ses bons mots. Un journal raconte que, ces jours derniers, il s'était pris de dispute avec un habitant de Saint-Louis qui exigeait une chambre au dernier étage pour payer moins cher. A la fin, impatienté, il lui remit solennellement une clef en s'écriant : « Fils de Saint-Louis, montez au ciel! » Ayant reconnu en nous des « gentilshommes français de France », il nous comble de faveurs. Nous lui demandons conseil sur l'emploi de notre soirée, et, sur son avis, nous nous décidons à aller à l'Exposition internationale des chemins de fer qu'on vient d'inaugurer. Il y a là ce soir un grand concert, où nous verrons toutes les *dudes* et toutes les *belles* (élégants et élégantes) de Chicago..

Quand nous arrivons, il y a foule énorme. Toutes les nationalités qui se sont donné rendez-vous pour peupler Chicago, et qui n'ont pas encore eu le temps de se fondre ensemble, sont représentées ici. On entend tellement de langues différentes, qu'on se croirait dans une buvette de la tour de Babel. Les Yankees sont groupés debout autour du bar. Ils causent ensemble de leurs voix nasillardes, tout en avalant du wisky à pleins verres : des marins et des *ranchmen* canadiens, assis avec des femmes en toilettes claires, boivent lentement de grandes *bolées* de cidre. A entendre leur parler traînant et leurs mots de patois bas normand, on se croirait dans une auberge du Perche, un jour de marché : un peu plus loin, il y a une rangée de petits cabinets ouverts comme des alcôves. Ils sont presque tous occupés par de grands et gros hommes, solidement bâtis, l'œil bleu, la peau blanche, la barbe blonde ruisselant sur une cravate rose ou bleu clair, fumant de longues pipes de porcelaine et assis à côté de femmes en toilettes blanches, avec des chapeaux extravagants. Tous ces couples boivent à la même chope et mordent à la même saucisse en se lançant des coups d'œil tendres et languissants. Amour et charcuterie ! c'est le coin des fiancés allemands.

Par-ci par-là nous voyons aussi quelques trop rares échantillons féminins de la race américaine qu'a produite le mélange de toutes les autres. Ce sont, pour la plupart, de belles filles au regard assuré, qui se promènent en flirtant avec de grands jeunes gens de bonne mine, vêtus avec une élégance suprême. Ce sont les *dudes* et les *belles* qu'on nous a promis. Plusieurs de ces jeunes personnes sont remarquablement jolies. Elles auraient bien besoin, par exemple, de faire un tour en Europe pour y apprendre à s'habiller. L'art délicat du juponnage semble notamment leur être tout à fait étranger. Presque toutes ont des robes blanches à transparents de mousseline et d'immenses chapeaux plats qui ne sont pas d'un très heureux effet. C'est bien dommage; car ces jeunes femmes, grandes et minces, auxquelles leur teint pâli donne une apparence un peu frêle, constituent un type spécial et très séduisant de la beauté féminine. Leur charme un peu étrange tient, je crois, beaucoup à leur singulière structure. On ne trouverait point chez elles les formes robustes et puissantes que les sculpteurs grecs aimaient à reproduire. Avec leurs hanches étroites et leurs lignes allongées, elles se rapprochent plutôt du type un peu androgyne qu'affectionnait M. Pradier. On peut s'en rendre compte chez nous dans les salons parisiens, où se rencontrent maintenant une foule de superbes Américaines. Plusieurs ont le type grec, mais bien plutôt celui d'un bel éphèbe athénien que celui de la Vénus de Milo.

Nous en étions là de nos réflexions, quand un effroyable tapage a éclaté, et nous avons vu déboucher d'une galerie un corps de musique militaire, composé d'artistes recouverts d'uniformes tout flamboyants d'or, qui jouaient une marche triomphale. Derrière eux venait une longue file d'hommes vêtus de noir, marchant deux par deux, avec une gravité admirable. Nous nous sommes empressés de nous joindre à eux pour voir ce qui allait se passer. Après bien des détours dans toutes les parties de l'Exposition, ils nous ont menés dans une salle éloignée où se trouvait garé un train tout orné de fleurs et composé de trois locomotives d'apparence bizarre, munies de leurs tenders. Les messieurs qui paraissent être les pontifes de cette étrange cérémonie sont montés sur la plate-forme de l'une d'elles et nous ont appris que ces locomotives, prêtées par le gouvernement anglais, étaient les premières qui eussent été construites. Alors commença une série de *speechs* en l'honneur de Stephenson, leur inventeur.

Baron E. DE MANDAT-GRANCEY.

CHICAGO. — MICHIGAN AVENUE.

www.ingramcontent.com/pod-product-compliance
Lightning Source LLC
Chambersburg PA
CBHW060554050426
42451CB00011B/1910